Project Man

A Practical H

Raffaello Leti Messina

Credits

Cover by Alessandra Grossi

Release

1.5

Copyright

First Edition

Digitally published on March 2013 on Amazon© Kindle© Store
ASIN: B007QDXDJY

Paperback Version published on February 2014 by Amazon©

ISBN-13: 978-1495426964
ISBN-10: 1495426963

Indice

Premesse

Concordo! non c'era bisogno di un nuovo libro sul Project Management!
In effetti esiste una miriade di pubblicazioni che copre ogni aspetto dell'attività di PM, anche i più insoliti e discutibili.

Tuttavia, avete un metodo valido per impostare correttamente i vostri progetti?
Sapete realizzare e condividere in modo rigoroso e strutturato la documentazione relativa ad ogni fase del progetto?
Siete in grado di gestire in modo altrettanto rigoroso e strutturato ogni evento fondamentale del ciclo di vita di un progetto?
Se avete risposto sì a tutte e tre le domande, allora non avete bisogno di leggere il seguito, altrimenti....

Questo testo non è dedicato all'approfondito apprendimento di ogni aspetto concernente i processi di Project Management, esso vuole essere una guida semplice e chiara di ausilio al Project Manager ai fini della la comprensione del proprio ruolo e dell'impostazione del proprio lavoro, con particolare riguardo alla produzione e revisione del *Project Plan* ed alla gestione della documentazione di progetto.

Ad un certo punto di una fortunata esperienza professionale passata a condurre progetti di notevole complessità ed articolazione per clienti di rilevanza internazionale, dovendo muovere, come naturalmente accade, verso ruoli più legati alla gestione ed alla promozione dell'azienda, nasceva il problema di trasferire l'esperienza nel campo del PM verso coloro che dovevano rilevare questa attività.
Con i pochi collaboratori con i quali avevo iniziato questo percorso, decidemmo da prima di formalizzare alcune utili regole nell'ambito del manuale di Gestione della Qualità della nostra azienda, poi rendendoci conto del fatto che l'attenzione ai formalismi aveva prevalso sui contenuti, e nel tentativo di completare una più ampia visione del Project Management che

includesse anche le primissime fasi di concepimento del progetto, decisi di realizzare un testo che tanto valeva pubblicare.

Per intenderci è il testo che avremmo voluto trovare in libreria quando, oltre una decina di anni prima, avevamo iniziato a muovere i primi passi nel campo della consulenza e della gestione dei progetti.

In effetti, uno degli obiettivi primari di questo testo è quello di discostarsi in modo marcato dalla diffusa tradizione teoretica, da ente certificatore, eccessivamente tendente all'astrazione, al virtuosismo ed al formalismo, tipici della bibliografia del filone e fornire piuttosto un metodo di conduzione supportato da un modello concettuale, corredato da analisi, esempi, consigli pratici e prototipi documentali, relativi ad ogni momento saliente dell'attività di PM.
Un libro sul cosa fare, e come farlo in modo strutturato, rigoroso, consapevole e trasparente.

Al fine di aumentare il pragmatismo del metodo proposto un focus particolare verrà riservato al processo di Management orientato alla realizzazione di soluzioni tecnologiche con qualche digressione circa la possibile traslazione degli stessi criteri al caso di progetti nel campo dell'edilizia e di processi di *"Supply Chain"*.

Introduzione

Nell'ambito del Project Management, un progetto descrive il prodotto di un'organizzazione temporanea di risorse, realizzato nel rispetto di un determinato tempo e di un determinato costo.
Un ruolo centrale di gestione delle attività di progetto è comunemente esercitato dal Project Manager.
Spesso accade che il titolo di Project Manager venga gestito come una carica onorifica, che può essere tributata solo alla persona più

importante nella gerarchia aziendale o istituzionale in un irragionevolmente ampio ambito di interesse al progetto.

Così, spesso accade, che i Project Manager siano membri del Top Management, investiti dello stesso impegnativo ruolo per un improbabile numero di progetti, e che in effetti non abbiano la possibilità di seguirne efficacemente nemmeno uno.

Ad aggravare questa configurazione, interviene spesso il fatto che, i team leader siano dirigenti o manager di pari livello gerarchico ed esercitino il loro ruolo in aperta competizione o addirittura in conflitto tra loro, nel tentativo di emergere come PM naturali del progetto, colmando il vuoto inevitabilmente creato dalla latitanza del Boss. Quest'ultimo ad un certo punto, abbastanza presto nel ciclo di vita del progetto, viene subissato da una miriade di distrazioni dovendo arbitrare conflitti, negoziare tra i suoi collaboratori, comprendere quale sia la realtà tra versioni opposte dello stesso antefatto o tra visioni antitetiche dello stesso problema.

In realtà, più il progetto è grande, complesso e articolato, maggiormente l'attività di PM è un impegno a tempo pieno, che richiede notevoli sforzi iniziali e grande attenzione, imparzialità ed esperienza durante la fase di realizzazione.

Inoltre, sulle modalità di esercizio del ruolo di PM ed in merito alle prerogative dello stesso, impattano modelli diversi di strutturazione dell'azienda o della istituzione titolare del progetto – organizzazioni orizzontali o verticali - e differenti possibili relazioni tra il PM e lo staff dell'organizzazione, che vanno a determinare livelli di coinvolgimento e gradi di libertà estremamente differenti.

In effetti una delle principali difficoltà del ruolo di Project Manager sta nel fatto che esso non si esercita sempre nello stesso modo e non contempla sempre le medesime potenzialità.

Più che sulla figura e sulle prerogative del Project Manager, questo testo è una breve guida sui principi base del Project Management che ha il pregio di proporre un metodo.

Questa precisazione serve anche a sfatare il mito del PM come nuova professione a se stante, di Guru, risolutore di problemi a trecentosessanta gradi che fa comodo a qualche istituto specialistico, ma poco aderisce ad una realtà fatta di progetti complessi e rischiosi nell'ambito dei quali il PM <u>deve</u> imparare a giovarsi di valide collaborazioni settoriali avendo la capacità di valutarne gli apporti.

Molti aspetti relativi al profilo che il Project Manager può assumere nei vari momenti della gestione sono approfonditi nei capitoli relativi al Risk Management ed al Cost Management, ambiti nei quali più spesso, il PM agisce in sinergia con strutture dedicate.

Il complesso delle attività e dei contenuti che fanno un buon management dei progetti costituisce un quadro che deve avere una completezza della quale si giova ogni persona che abbia un interesse legittimo nel progetto – *stakeholder*.

Poco importa che queste attività siano a carico di un unico individuo – caso abbastanza raro per i grandi progetti – o piuttosto riferite a più unità operative, l'importante è che il PM sappia rappresentare questo quadro in modo chiaro in una visione unitaria e completa.

Tale quadro è rappresentato nella documentazione di progetto, che deve essere chiara, condivisa, avere livelli di approfondimento tecnico progressivi e documentare una congruenza assoluta tra Obiettivi e attività – Task.

Il seguito illustrerà:

- Un framework per la creazione di una efficace e rigorosa documentazione di progetto che copra ogni fase dello stesso, dalla manifestazione delle necessità, alla realizzazione dell'opera senza trascurare alcuno dei contenuti fondamentali.

- Una metodologia per la gestione dei principali eventi che inevitabilmente si presentano durante il ciclo di vita del progetto.

- Un metodo di rappresentazione evolutiva dello stato e della progressione di un progetto in forma sintetica, rigorosa ed efficace.

Tutto ciò con l'obiettivo di rendere ineccepibile l'attività del PM anche nelle situazioni più difficili.

Come detto, per motivi che risulteranno evidenti nel prosieguo, nonostante il supporto metodologico e l'esperienza, non crediamo nella convenienza o nella opportunità di avere Project Manager non competenti in merito alle tematiche di base dei progetti. Per intenderci non crediamo che la stessa persona possa sovrintendere con la medesima efficacia alla progettazione e realizzazione di una diga, di un veicolo innovativo e di una piattaforma tecnologica. Tuttavia crediamo nell'applicabilità e nel valore dei medesimi metodi e principi.

Alcune Regole Auree

Trasparenza. Una questione di esperienza, ma anche un problema organizzativo.

Spesso accade che un progetto fallisca in tutto o in parte perché il PM - o qualche Team Leader - non ha agito in modo trasparente, ovvero ha omesso di rivelare taluni limiti del progetto, dell'analisi o qualche errore in fase di esecuzione, sperando che i problemi si risolvessero da soli o per qualche divina intercessione.
Mi piace dire che si tratta di un problema organizzativo.
Il Project Manager è certamente uno dei principali responsabili della riuscita del progetto, ma non è l'unico. Egli non può far si

che analisi specialistiche lacunose diventino magicamente valide ed esaurienti, non può essere in grado di verificare ogni elaborato tecnico prodotto per qualunque parte o fase del progetto.

Il fatto è che spesso il PM è l'artefice del progetto, ha un coinvolgimento emotivo, considera lo stesso una propria creatura, spesso il PM è dipendente dell'azienda che realizza l'opera, cosa la cui opportunità è inversamente proporzionale al costo del progetto. Oppure egli ritiene, che un buon PM debba far funzionare anche qualcosa che non può funzionare.

Per qualcuno di questi motivi, inizia ad assumere atteggiamenti istintivi assai pericolosi già in fase di analisi, tendendo a minimizzare i contro e massimizzare i pro in ogni caso.

Il Project Manager deve agire in modo trasparente verso l'organizzazione interessata al risultato del progetto e in particolare verso lo sponsor, anche, e specialmente, se quest'ultimo ha fama di essere un killer; egli deve tempestivamente segnalare ogni importante problema, ogni carenza, anche imputabile a se stesso, ovviamente senza diventare ansiogeno, condividere ogni dubbio rilevante e ogni novità imprevista con gli stakeholders, non farlo, può portare a conseguenze molto gravi, eventualmente irreparabili.

Dunque in generale lo sponsor dovrebbe scegliere un PM non emotivamente coinvolto nel progetto.

Un Project Manager che agisca sempre con correttezza ed assoluta trasparenza ha notevoli possibilità di essere apprezzato anche in seguito al fallimento del progetto.

Un esempio storico attinente, che a me ha insegnato molto, straordinario sia per i numeri che per la posta in gioco, è quello del Sig. Reginald H. Jones il quale, quando ebbe la possibilità di guidare la divisione computers della General Electric, raccomandò al board del colosso americano di vendere il ramo alla Honeywell per non aggravare ulteriormente perdite che già si contavano in centinaia di milioni di dollari. La sua posizione in merito al progetto di GE di rivaleggiare con IBM nel mercato dei computers non permise a Jones di rimanere direttore di divisione ma gli fruttò l'incarico di Amministratore Delegato di quella che allora era la più grande azienda del mondo.

Dimensione, Complessità e Vaghezza degli Obiettivi.
Se un progetto ha un gran numero di obiettivi, più di tre o quattro, il più delle volte è possibile ed opportuno scomporlo in più progetti.

Se un progetto ha obiettivi troppo vaghi o di portata troppo ampia – ad esempio: "fornire una risposta abitativa adeguata ad un incremento demografico di alcune migliaia di abitanti", oppure "ridurre i costi della produzione" parte già male.
In tali casi è più opportuno parlare di un programma che verrà attuato attraverso diversi progetti. Non è un caso che nelle discipline più antiche, come l'edilizia, l'idea di progetto sia generalmente più chiara.
Troppo spesso si tende a identificare un progetto come la soluzione ad un mix di problemi o necessità, è uno dei modi peggiori di cominciare!

Il raggiungimento degli obiettivi deve essere misurabile e deve essere misurato il prima possibile. E' opportuno prevedere subito metodi precisi per realizzare dette misure.

Un modo semplice, ove possibile, è quello di realizzare dei prototipi "a breve" – *minimum viable product* - e verificarne il gradimento in modo strutturato, ovvero: attraverso la compilazione di questionari da parte degli utenti identificati o potenziali.

E' opportuno scomporre il progetto in fasi logiche. Ogni fase logica richiede professionalità adeguate. Di seguito si riporta una sequenza di dette fasi:

- Analisi

- o Descrizione del Contesto
- o Descrizione del Problema

- Progettazione

  - o Progettazione di Massima
  - o Definizione Funzionale della Soluzione
  - o Progettazione Esecutiva
  - o Definizione Tecnica della Soluzione

- Realizzazione

In particolare, non esistendo un'unica soluzione per un problema, la delicata e rischiosa fase iniziale di valutazione delle proposte merita particolare accortezza e richiede competenze profonde, attente valutazioni e quasi sempre approcci interdisciplinari.

La progettazione di massima e quella esecutiva potrebbero essere affidate a soggetti completamenti distinti, recanti diverse sensibilità, il che ha già prodotto risultati di notevole successo in vari campi. Si pensi alla produzione di molte automobili caratterizzate da design innovativi affidati a specialisti del settore o alla realizzazione di capolavori di architettura come il teatro dell'Opera di Sidney, la cui progettazione esecutiva è stata un processo completamente distinto, ovviamente successivo al concorso in seno al quale ne fu concepita la forma.
Nel caso della produzione di automobili, ad esempio, il designer si occupa del raggiungimento di uno degli obiettivi fondamentali per il gradimento del risultato, seppur rispettando un buon numero di vincoli, ed avvia un processo di affinamento delle caratteristiche morfologiche interne ed esterne del veicolo in accordo con i parametri delle altre parti - telaio, motore, ecc. - e quindi con gli altri tecnici e progettisti coinvolti.

Se si riesce a coordinare la scomposizione di un progetto complesso in più parti affidate a soggetti altamente specializzati, si aumenta notevolmente la necessità di un buon management o coordinamento del progetto ma anche la probabilità di un risultato eccellente.

In generale tra gli stakeolder è opportuno distinguere in modo chiaro almeno alcune entità – persone o gruppi – secondo la seguente lista:

- **Lo Sponsor o Finanziatore**

- **Il Project Manager – normalmente incaricato:**

  - **del coordinamento degli stakeholders e della conduzione dei meeting ▪ della gestione della documentazione di progetto e del progresso dello stesso ▪ della valutazione dei rischi ▪ della ricerca e della motivazione di soluzioni alternative ▪ del monitoraggio e della documentazione del costo del progetto**

- **I Team Leader – Coloro che sono a capo dei gruppi di lavoro incaricati di produrre risultati parziali**

- **I Team incaricati dello svolgimento delle attività o work packages**

In un progetto correttamente impostato queste figure dovrebbero sempre rimanere distinte, ed avere influenze di carattere diverso sull'andamento del progetto stesso. Non sempre accade.

I Diversi Profili del Project Manager

Come abbiamo detto, il ruolo di Project Manager non implica sempre le stesse prerogative.

In un progetto ben impostato sono chiaramente definiti i compiti ed i limiti del mandato del PM, il quale mandato può avere ampiezze molto diverse, spaziando tra ruoli più simili a quelli propri di un *advisor* o di un coordinatore, a quelli di manager responsabile del corretto fluire del processo di produzione dei risultati attesi, dal concepimento alla conclusione del progetto.

In generale è possibile distinguere tra le seguenti tipologie di Project Manager per ciascuna delle quali sono riportati vantaggi e svantaggi.

Il Project Manager Interno

E' frequente che aziende ed istituzioni scelgano il PM all'interno della loro stessa organizzazione. Può sembrare la soluzione migliore.

Pro	Contro
Grande sensibilità rispetto al problema	Complessa gestione dei rapporti con i colleghi e possibile impatto di vecchie ruggini
Facilità nei rapporti con lo sponsor e con gli stakeholder	C'è il rischio che manifesti minore ampiezza di vedute e minore propensione verso l'innovazione scardinante essendo fortemente e durevolmente condizionato dallo "*status quo*"

Il Project Manager Propositore

E' espressione di uno dei fornitori, spesso quello principale o l'unico. E' colui che ha formulato la proposta progettuale. E' normale che abbia un particolare coinvolgimento emotivo nel progetto e sia riluttante ad ammettere che taluni indirizzi progettuali siano da correggere o addirittura vadano annullati.

Pro	Contro
Grande interesse per la riuscita del progetto	Complessità della gestione dei rapporti con le funzioni del cliente e difficoltà nel vedere effettivamente legittimato il proprio ruolo
	Necessità di notevoli capacità negoziali e di comunicazione
	Probabile interesse per il valore economico della soluzione e scarsa propensione a palesare *hidden cost*

Il Project Manager Vero e Proprio

E' esterno all'organizzazione, non è espressione di alcuno dei fornitori ed ha esperienza nella gestione di progetti analoghi. E' un caso simile a quello del direttore dei lavori nell'edilizia, figura che garantisce gli interessi dello sponsor, con la differenza che può essere chiamato a gestire sia le fasi progettuali che quelle realizzative.

Pro	Contro
Distacco emotivo quindi maggiore probabilità di trasparenza ed efficacia nella	Complessità della gestione dei rapporti con le funzioni del cliente e difficoltà nel vedere

vigilanza	effettivamente legittimato il proprio ruolo se l'investitura è debole.
Oggettività nel dirimere controversie e valutare proposte	Necessità di notevoli capacità negoziali e di comunicazione
Imparzialità nel riferire allo Sponsor	Minore interesse nella riuscita del progetto

Il Ciclo di Vita e la Gestione dei Documenti

La documentazione di progetto è destinata alla condivisione, ad ispirare tempestivi contributi e continue verifiche.
Essa rappresenta un momento di sintesi e di controllo delle scelte e del "passo" del progetto.
Spesso un progetto subisce notevoli modifiche, si arricchisce di contenuti, obiettivi, requisiti o funzionalità, attraversa varie vicissitudini, subisce reindirizzamenti strategici.
Siccome un progetto non deve considerarsi di proprietà delle persone che lo iniziano o che vi partecipano, ma più spesso di una organizzazione, grande o piccola che sia, interessata al suo risultato, è fondamentale, anche a tutela di coloro che continueranno a lavorarvi, che sia possibile ripercorrere l'evoluzione dello stesso.
Perché ciò sia possibile, è necessario che la documentazione di progetto sia ben organizzata, e che ciascun documento preveda la possibilità di individuare i diversi momenti in cui vi sono state apportate delle modifiche sostanziali.

La documentazione di progetto è spesso composta di una moltitudine di documenti – report, interviste, presentazioni, analisi di dettaglio, ecc.

Nel ciclo di vita di un progetto esistono almeno tre possibili avvicendamenti critici relativi alle tre figure di Sponsor, Project Manager e Team Leader.

Una delle condizioni affinché un progetto non subisca questi avvicendamenti in modo traumatico, e perché ne sia sempre apprezzato il management, è che esso sia dotato di una documentazione completa ed efficace.

Perché una documentazione di progetto sia efficace deve avere le seguenti tre caratteristiche:

1. Deve comprendere un numero "limitato" di documenti, in particolare uno, il *master plan*, la cui struttura è suggerita nel prosieguo, continuamente aggiornato, atto a rendere comprensibile al top management l'intero progetto, quindi a valere per lo stesso come una specie sommario.

2. Ciascuno dei pochi documenti descriventi l'intero progetto deve evolvere con il progetto, documentando con il nome stesso la propria *release* o versione, e riportando la data di introduzione o modifica di ciascun Obiettivo, Requisito, Funzionalità e Rischio.

3. Deve riportare un elenco circostanziato degli allegati significativi, recante per ciascuno la relativa data di rilascio, con particolare attenzione ai documenti che hanno determinato l'introduzione o la modifica di Obiettivi, Requisiti, Funzionalità e Rischi.

Il management apprezza molto la possibilità di poter comprendere lo stato dei lavori e il perché di una certa evoluzione attraverso una lettura relativamente breve.

La diffusa pratica di gestire la documentazione di progetto in uno stile che potremmo definire tipo "legislazione italiana", nella quale un provvedimento legislativo modifica un buon numero di articoli di vari precedenti provvedimenti, produce risultati tanto inefficaci e labirintici quanto irritanti.

Inoltre una documentazione che abbia le caratteristiche descritte è di grande ausilio al fine di giustificare circostanze senza dover operare faticose ricostruzioni e propone una effettiva condivisione del lavoro e le opportune assunzioni di responsabilità.

Va da sé che al fine di facilitare approfondimenti mirati, la documentazione dovrebbe essere strutturata in forma ipertestuale ed essere disponibile su una intranet o su internet.

Attenzione: un documento di progetto deve avere uno sviluppo complessivo ragionevole, ovvero proporzionato con la complessità e l'entità degli interventi, il management dovrebbe premiare la capacità di esprimersi in modo breve ed efficace.

Prima dell'Esecuzione

Il Framework come punto di vista concettuale

Un buon progetto inizia individuando obiettivi chiari e semplici.
Facile a dirsi, meno facile riscontrarlo nella pratica.
A ciascuno degli obiettivi sarà associato un numero variabile di requisiti o vincoli, ottemperando ai quali esso potrà dirsi correttamente raggiunto.
La delicata fase di formulazione di Obiettivi e Requisiti rappresenta la definizione dei termini del problema progettuale, come tale, essa non dovrebbe includere aspetti che attengano la prefigurazione di una soluzione. Quest'ultimo aspetto è importante, in quanto consente di concentrarsi sui problemi senza formarsi visioni condizionanti, quindi limitanti la possibilità di contemplare e valutare scelte progettuali molto diverse.

Stanti i termini del problema, Obiettivi e Requisiti, non rimane che definire o scegliere una soluzione. La soluzione sarà spesso composta di più elementi. Detti elementi avranno delle caratteristiche qualificanti in relazione al problema, che sono complessivamente definibili come funzioni o funzionalità. Di seguito si riterrà più opportuno parlare di funzionalità in quanto il termine funzione verrà piuttosto riservato alla definizione della generica struttura operativa di una azienda o di una organizzazione.

Le funzionalità vengono sviluppate attraverso lo svolgimento di una serie di Attività o Task che compongono la Work Breakdown Structure – WBS -, ovvero la struttura rappresentante la scomposizione del lavoro in singole attività.
Nella figura 1 si riporta uno schema di questa rilevante classificazione degli elementi fondamentali del progetto, evidenziando la loro appartenenza all'ambito di descrizione del problema ovvero a quello rappresentativo della soluzione.
Il compito forse più difficile per il PM sta nella scomposizione del lavoro e nella quantificazione del lavoro necessario alla realizzazione delle singole attività elementari.

I successivi paragrafi sono strutturati come un documento di progetto.

In ciascuno di essi sono riportate considerazioni, consigli e, soprattutto, la descrizione del contenuto che detto paragrafo dovrebbe avere nell'ambito del Vostro progetto.

Lo schema proposto per l'organizzazione della documentazione di progetto di fatto commenta anche le fasi salienti del processo di PM e prefigura la compilazione e l'aggiornamento di un documento di progetto definibile come *Master Plan*, un po' più di un charter e molto meno dell'insieme della documentazione che rappresenti un riassunto della storia e dello stato del progetto e consenta una visione globale e progressiva dello stesso da parte del management.
Pertanto la dimensione di detto documento dovrebbe essere per quanto possibile limitata ma ispirata a fornire una immagine completa.
In tale chiave è caldamente raccomandata la redazione e pubblicazione della documentazione con collegamenti ipertestuali tra documenti di carattere generale e approfondimenti specifici.

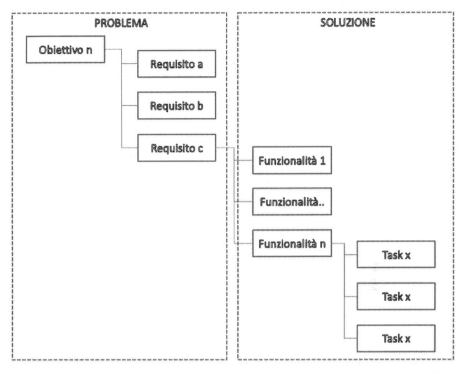

Fig.1

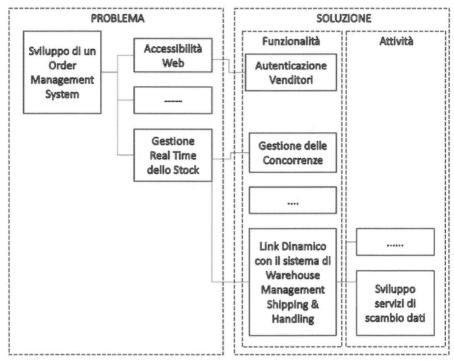

Fig. 2

IL FRAMEWORK

Descrizione del Contesto

Nella presente sezione è bene includere ogni rilevante osservazione in merito al contesto operativo, ai vincoli esogeni condizionanti il progetto, ecc.

E' bene anche riportare la genesi del progetto, i promotori e le relazioni tra le funzioni aziendali al momento del varo dell'iniziativa.

Document Management

E' opportuno includere un paragrafo dedicato alla descrizione del processo di gestione dei documenti di progetto.

Le attuali tecnologie mettono a disposizione metodi straordinariamente efficaci per la gestione e soprattutto per la condivisione della documentazione e delle comunicazioni di Progetto.

E' bene che il Project Manager indichi, in questo paragrafo, a tutti i professionisti coinvolti, le linee guida per la conservazione, la condivisione, l'approvazione e la categorizzazione della documentazione di progetto.

Gestione delle Comunicazioni

Durante lo sviluppo del progetto potrà prodursi una notevole serie di comunicazioni, che faranno parte integrante della documentazione complessiva dello stesso.

In molti casi si assiste a distribuzioni disordinate o indiscriminate che quasi sempre producono effetti negativi.

Tutte le comunicazioni, durante la vita del progetto, dovrebbero seguire un flusso ed una gestione pianificati. Detta pianificazione sarà formalizzata in questa sezione del Piano di Progetto alla quale verrà dato ampio risalto. In particolare la sezione relativa alla Gestione delle Comunicazioni riporterà:

- Una classificazione delle comunicazioni – convocazione di meeting, presentazioni, issues, verbali.

- Per ciascun tipo di comunicazione, verrà indicata la relativa lista di distribuzione, ovvero i soggetti cui quel tipo di comunicazione sarà destinata.

E' bene che il PM concordi il piano di comunicazione con lo Sponsor e renda noto detto piano in un apposito documento.

In generale il PM dovrà essere lo snodo di dette comunicazioni ed il gestore delle stesse in apposito *repository* opportunamente strutturato.

Le comunicazioni interne ai singoli team di lavoro potranno seguire flussi propri, strutturati dal team leader ed estemporanei.

Ambito del Progetto

Assessment

L'*assessment* si riferisce alla descrizione di ogni elemento atto a descrivere l'attuale situazione in relazione ai problemi che ci si propone di risolvere attraverso l'iniziativa progettuale, nonché ogni elemento di rilievo che può influenzarne la riuscita.

Nel caso di un progetto orientato al miglioramento di talune pratiche organizzative del lavoro in un'azienda, ad esempio, sarà utile descrivere l'attuale organizzazione del lavoro, avendo cura di approfondire solo i temi effettivamente rilevanti in relazione agli obiettivi.

Nel caso invece di progetti edilizi, potrà essere opportuno, sempre a titolo di esempio, rappresentare l'andamento delle procedure autorizzative, elementi circa la natura dei mezzi finanziari disponibili ecc.

In breve la sezione relativa all'assessment riporterà una fotografia dello stato attuale, e metterà in rilievo tutti gli elementi che hanno portato alla determinazione di avviare l'iniziativa progettuale.

Descrizione del Problema (Business Case)

Questa sezione deve riportare una breve definizione del problema o delle necessità che sono all'origine dello sviluppo dell'iniziativa progettuale, seguita da una altrettanto breve descrizione del perché quest'ultima possa rappresentare una valida soluzione.

Parafrasando Mies Van der Rohe, in questo caso "less will be more", nel senso che più brevemente si sarà in grado di descrivere il problema e gli obiettivi dell'iniziativa, maggiore sarà la consistenza e la sostanza conferite alla stessa.

Questa sezione anche detta "Business Case" sebbene tale definizione non sia ben accetta in ambito no-profit.

Definizione degli Obiettivi

Gli Obiettivi di un progetto costituiscono il mandato per l'azione, dunque debbono avere le seguenti caratteristiche:

- Essere descritti in modo chiaro, preciso e breve

- Nessun obiettivo deve ripetere in tutto o in parte un altro obiettivo

- Essere misurabili

- Essere raggiungibili in un lasso di tempo determinato attraverso il sostenimento di un costo totale determinato

"Creare una rete di telecomunicazioni efficace", "Realizzare un bel teatro" o "Migliorare la qualità della vita dei cittadini" non sono obiettivi validi in quanto troppo generici. Alle parole sottolineate infatti non corrisponderebbero grandezze misurabili.

Per la rappresentazione degli Obiettivi si propone la forma tabellare riportata di seguito.

Obiettivo #n Descrizione:		
Aspetti Da Includere nella Portata del Progetto:		
Aspetti Da Escludere dalla Portata del Progetto:		
Commenti:		
Docs:		

Dove:

Descrizione è il campo riservato ad una breve descrizione dell'Obiettivo.

Aspetti da includere nella portata del Progetto: vi si riportano gli aspetti atti a sostanziare il raggiungimento dell'obiettivo. Ovvero tutti quegli aspetti i quali, stante la descrizione dell'obiettivo, dovranno essere risolti affinché esso possa dirsi raggiunto.

Aspetti da escludere dalla portata del Progetto: a titolo di chiarimento valga il seguente esempio. Un'azienda che fa vendite all'ingrosso intende realizzare un nuovo sistema '*web based*' di prenotazione delle forniture, che faciliti l'operatività da parte dei propri clienti, senza modificare le modalità di gestione degli addebiti, le tariffazioni e le fatturazioni. In questo campo si potrà riportare una frase quale: "Ogni aspetto relativo alla gestione contabile ed amministrativa".

Commenti ogni commento utile in relazione ad aspetti da approfondire o necessarie azioni di verifica.

Data è la data di introduzione o modifica dell'Obiettivo

La successiva riga **Docs** è riservata, ove necessario, a riportare un elenco di documenti di progetto – normalmente verbali di riunioni o interviste al management o allo sponsor - relativi alla manifestazione della necessità o del bisogno percepito. Le voci di detto elenco dovrebbero essere link a documenti disponibili in rete.

"Descrizione del Problema", Obiettivi, Date, Ruoli e Misura Primaria atta a definire il grado di successo dell'iniziativa, dovrebbero essere sintetizzati in una, massimo due pagine che definiscano il cosiddetto "Project Charter".

Esso costituisce una valida e solida sintesi del progetto, molto apprezzata dal top-management, spesso chiarisce le idee del PM e costituisce il fondamento per la definizione dei criteri di Performance Management del progetto.

Esempio di Project Charter

Sponsor:		Data Inizio	Data Fine
Project Manager:		../../....	../../....

Team A - Leader:		Componenti:	
Team B - Leader:		Componenti:	

Descrizione del Problema	Obiettivi

Andamento atteso della [Misura Primaria]

Illustrazione: Descrivere perchè è atteso che la misura che definisce il principale obiettivo del progetto segua l'andamento del grafico a sinistra.
In particolare giustificare in breve perché è atteso il determinato valore target (è ammesso il riferimento ad una sezione del Project Plan o altre fonti specifiche).

Di seguito si riporta un esempio di Project Charter.

Esempi di misure primarie sono:

- Il lead-time di un processo o di un segmento di processo.
- Il costo unitario di un prodotto o di una parte.
- Il costo totale di un servizio.
- Lo spazio di lavoro disponibile.
- Il numero di unità consegnate per ora.
- I litri d'acqua forniti.
- La soddisfazione dei clienti.
- I ricavi.
- I margini per unità di prodotto.

Nel caso in cui la metrica primaria che definisce la riuscita del progetto sia la soddisfazione dei clienti, alcune valide metriche secondarie potrebbero essere:

- Il tempo medio di gestione dei reclami o di risoluzione delle richieste di assistenza.
- L'incremento del numero di problemi risolti autonomamente dal cliente attraverso il ricorso a un sito web e/o a una manualistica migliorati.

In ogni caso, ricordate che: tanto più gli Obiettivi e il loro grado di raggiungimento sono misurabili, tanto più un progetto è monitorabile e il suo successo probabile.
Pertanto, la preventiva definizione di inequivocabili metriche di verifica delle performance durante l'andamento dell'iniziativa è cruciale ai fini del successo della stessa.

Ove necessario, il "Project Charter" può includere la descrizione di ulteriori misure primarie e di una o più misure secondarie, quali la disponibilità o il costo di talune risorse chiave o il valore di alcune variabili di contorno, funzionali a garantire l'andamento di misure primarie.

Definizione dei Requisiti

Gli scopi di questa sezione sono fondamentalmente due:

- Identificare in modo chiaro e sintetico i requisiti dell'opera.

- Evidenziarne in modo chiaro e diretto la funzionalità al raggiungimento di uno o più obiettivi.

I requisiti definiscono le proprietà o le caratteristiche che l'opera, risultato del progetto, dovrà presentare.
A titolo di esempio, nel caso di un progetto orientato alla realizzazione di software, i requisiti potranno essere:

- Contenuto e vincoli operativi di ogni singola interfaccia grafica.

- Necessità, compatibilità e vincoli circa il collegamento o lo scambio di dati con altri sistemi coinvolti.

- Caratteristiche relative alla sicurezza ed ai profili di accesso al sistema.

Sempre per esempio, nel caso di un'opera architettonica quale un teatro i requisiti potranno essere:

- Budget massimo o costo totale dell'opera.

- Numero di posti a sedere.

- Numero e localizzazione di massima degli accessi principali.

- Numero e caratteristiche dei parcheggi.

- Eventuale presenza di aree di ristorazione e loro dimensione.

Si noti che i requisiti non sono quasi mai tutti definiti dal committente. E' il caso, ad esempio, dei vincoli normativi locali, ma anche di talune necessità tecnologiche, che è opportuno evidenziare come requisiti impliciti a se stanti.

Si tratta di requisiti non espressi, non sempre ovvi, ma fondamentali. Questo richiede la sensibilità del PM nel saper valutare la completezza del quadro dei requisiti stessi.

Questo, tra gli altri, è uno dei motivi per i quali crediamo che un PM non possa essere intercambiabile tra progetti afferenti discipline completamente diverse nell'ambito delle quali esso non abbia rilevanti esperienze. Il Project Manager non è un notaio.

La definizione dei requisiti è forse il momento più delicato dell'intero progetto, essa dovrebbe sempre derivare in modo diretto o indiretto da espressioni del committente - sponsor - o di persone abilitate ad esprimere detti requisiti.

Nel caso di una proposta progettuale, anche al fine di evidenziarne il valore, sarà sempre opportuna ed elegante una differenziazione tra i requisiti proposti in quanto derivanti da una autonoma analisi dei problemi, e quelli direttamente desumibili da richieste formulate dal cliente.

In ogni caso deve rendersi evidente il collegamento tra requisiti ed obiettivi, il che tenderà ad evitare il proliferare di requisiti, magari affascinanti, ma slegati dagli obiettivi di progetto e per questo inutili, fuorvianti e spesso inappropriati in relazione alle finalità del progetto.

Per la rappresentazione dei requisiti si propone la seguente forma tabellare.

ID	Descrizione	Funzione	Documenti di Riferimento	OBJ	Data

Dove

Id è il codice identificativo del requisito. E' consigliabile assegnare al requisito un identificativo nel quale si richiami la Funzione di seguito descritta. Ad esempio un requisito espresso dal cliente potrebbe essere identificato con RQ_CL01.

Il campo **Descrizione** è riservato alla descrizione breve del requisito – necessità o vincolo operativo.

Il campo **Funzione**, o Area, è dedicato all'indicazione della funzione organizzativa interna al cliente che ha manifestato la necessità o requisito – Es. 'Amministrazione e Finanza', 'Operazioni e Logistica' o 'Sistemi Informativi'.

Il campo **Documenti di Riferimento** è riservato all'elenco dei documenti nell'ambito dei quali è stato espresso il requisito – Verbali di riunione, report di interviste, ecc.

Nel campo **Obj** viene riportato l'obiettivo al quale il requisito è relativo.

Nel capo **Data** è riportata la data di introduzione o modifica del requisito.

Dunque i requisiti sono i veri parametri della soluzione.

Descrizione Funzionale della Proposta

Questa sezione è potenzialmente dedicata a tutti. In generale, è quella dedicata a rappresentare un progetto al *top management*.
La descrizione funzionale di una proposta progettuale deve essere:

- Sintetica
- Chiara e comprensibile per un lettore non tecnico
- Corredata da eloquenti rappresentazioni grafiche

Un buon PM dovrà curarsi del fatto che questa parte del documento sia comprensibile per tutti e che sia il più breve possibile.

Descrizione Generale della Soluzione
La descrizione generale della proposta deve essere relativamente breve e non deve riportare giudizi sulla stessa.

Nel caso della presenza di più proposte, deve riportare gli elementi salienti che hanno portato a preferire la proposta di seguito descritta.

In questa sezione deve essere dato opportuno rilievo alla descrizione di come la proposta in oggetto è in grado di soddisfare ciascuno degli obiettivi di progetto, facendo esplicito riferimento alla descrizione degli stessi, all'ottemperanza dei requisiti specificati, e recando espliciti riferimenti anche a questi ultimi.

Non si deve mancare di riportare le date di presentazione e di approvazione della proposta, nonché le date di eventuali sostanziali variazioni o integrazioni alla stessa.

Diagrammi di Utilizzo o di Processo

Nella maggior parte dei casi un progetto fornisce prodotti utilizzabili, magari in modo differente da diverse categorie di utenti.
Il diagramma dei casi d'uso, nel caso delle soluzioni informatiche, consente un'immediata verifica della copertura delle funzionalità richieste. Lo schema dei percorsi, in un progetto per un nuovo ospedale, o di un centro commerciale, permette di documentare l'accessibilità, e la razionale separazione dei vari flussi.
Nel caso del progetto di processi produttivi, o più in generale di business processes, esistono vari modi di scomporre e diagrammare gli stessi al fine di verificarne la completezza o di rappresentarne le caratteristiche qualitative, quantitative e i flussi o relazioni.
Alcuni esempi sono le Process Maps o le Cross-functional (swimlanes) Process Maps, i diagrammi SIPOC (Supplier, Input, Process, Output, [Requirements]).

Includere una sezione dedicata alla documentazione in merito all'utilizzo del prodotto del progetto è assolutamente necessario.

Rappresentazione Generale della Soluzione

Una rappresentazione generale della soluzione – una simulazione o un modello nel caso di un progetto edilizio o di una autovettura, un diagramma intuitivo e graficamente godibile nel caso di una soluzione tecnologica, una mappa di processo di alto livello se si tratta di un nuovo business process – è fondamentale al fine di comunicare l'idea ad una platea non tecnica, in generale al top management che il più delle volte rappresenta lo sponsor.

Sforzatevi di rappresentare la soluzione in unico "disegno" ed esercitate il vostro spirito critico nella verifica della sua chiarezza e semplicità.

Se esistono formalismi tecnici propri della disciplina progettuale afferente la soluzione o parti di essa, non è questa l'occasione per impiegarli.

Quella riportata in questa sezione non è una rappresentazione per tecnici, ed eventuali virtuosismi semantici non verranno apprezzati, anzi, ogni tentativo di impreziosire la rappresentazione con contenuti tecnici verrà considerato un fastidioso, malizioso sfoggio di competenze.

Definizione delle Funzionalità

La definizione delle funzionalità o delle funzioni fornirà un quadro del soddisfacimento dei bisogni espressi da Obiettivi e Requisiti.
Le funzionalità sono collegate a Requisiti ed Obiettivi, come espresso nella fig. 1.
Ovviamente una funzionalità o funzione potrà soddisfare più di un requisito e più raramente più di un obiettivo.
La rappresentazione delle funzionalità potrà avvenire in forma tabellare riportando i seguenti dati.

ID	Descrizione	Documenti di Riferimento	OBJ	Requisiti	Data

Se una funzionalità non risulta collegabile con uno o più obiettivi e requisiti è da considerarsi inutile, oppure è incompleto l'elenco degli obiettivi o di requisiti.

Definizione delle Attività e delle Fasi

In questa sezione si descrive il percorso verso il risultato finale, attraverso una scomposizione del lavoro in macro attività – *work packages* - e successivamente in attività atomiche dette Task, attraverso un progressivo approfondimento del dettaglio.

L'output di questa fase di definizione delle attività è un elenco, gerarchico in forma tabellare detto WBS, acronimo di Work Break Down Structure simile a quello riportato di seguito.

ID	Descrizione	Team	ID Attività Propedeutiche	Durata Stimata

Una delle principali doti del PM sta nella capacità di verificare che le singole attività siano effettivamente atomiche, cioè rappresentino mansioni di durata minima per lo più riferibili all'attività di una singola risorsa.

Questo perché la stima, in termini di durata e di lavoro necessario al completamento di un Task, è tanto più attendibile quanto più esso è stato sviscerato e scomposto in unità atomiche. Dunque voci quali:

- Ridisegno di tutte le interfacce utente
- Realizzazione degli scavi relativi ai lotti

Non rappresenterebbero attività elementari per una corretta WBS, quindi il lavoro ed i mezzi necessari al loro completamento e la loro durata, non risulterebbero attendibili in quanto dette attività non sarebbero sufficientemente dettagliate.

Non dedicate un paragrafo alla presentazione di una WBS, essa potrà essere esposta in forma tabellare.

La scomposizione del lavoro dovrebbe essere documentata, motivata e suddivisa per aree tematiche o almeno per moduli funzionali e *work packages*.

Uno dei metodi più diffusi ed efficaci per rappresentare la cronologia delle attività, quindi le fasi di attuazione del lavoro, consiste nel realizzare un diagramma detto GANTT.

A partire da una WBS, gli strumenti software a supporto del Project Management (Software Management Tools/Software) consentono la visualizzazione automatica di un gran numero di rappresentazioni grafiche del progetto stesso e del suo stato, tra cui il diagramma GANTT e diagrammi relativi al costo e alla durata stimati e/o attuali del progetto.

Come accennato, l'espletamento di ciascun Task richiederà l'impiego per un tempo stimato di talune risorse. Queste possono essere:

- Risorse Umane

- Dotazioni Strumentali

- Altre risorse fisiche, quali uffici e ambienti in genere.

La somma, estesa a tutti i Task di progetto, dei costi unitari delle risorse impiegate per la durata di ciascun Task rappresenterà il costo stimato totale del progetto, da confrontarsi in fase di Tracking con il costo attuale e tendenziale dello stesso.

Specialmente laddove si sia relativamente incerti circa gli esatti tempi di realizzazione di singole attività, è consigliabile realizzare un diagramma PERT, acronimo di Program Evaluation and Review Technic.
Ideato sul finire degli anni cinquanta nell'ambito del progetto Polaris della Marina degli Stati Uniti il PERT è un "network diagram" o grafo orientato nel quale le connessioni o archi rappresentano la propedeuticità delle attività ed i nodi le singole attività - anche se in origine, al contrario, i nodi rappresentavano milestones e gli archi le attività, ma la sostanza non cambia - alle quali è associato un tempo minimo – Optimistic Time - un tempo massimo – Pessimistic Time – ed un tempo ritenuto il più probabile necessario allo svolgimento del task – Most Likely Time.

Per ciascuna attività il tempo di realizzazione viene stimato come segue:

Expected Time = (Optimistic Time + 4 x Most Likely Time + Pessimistic Time) / 6

E' così possibile produrre un grafo come quello che segue, percorrendo il quale, a partire da una delle attività iniziali fino al nodo rappresentante la fine del progetto, si ha una stima della probabile durata complessiva dello stesso.

Inoltre è possibile esplicitare graficamente il cosiddetto Percorso Critico - Critical Path – che è il percorso verosimilmente più lungo per arrivare alla conclusione del progetto a partire da una particolare attività iniziale. Esso è estremamente utile per individuare le singole attività determinanti la durata massima del progetto e per contro quelle

Esempio di Diagramma PERT. I nodi rappresentano i Task e il numero all'interno di essi la durata attesa in giorni

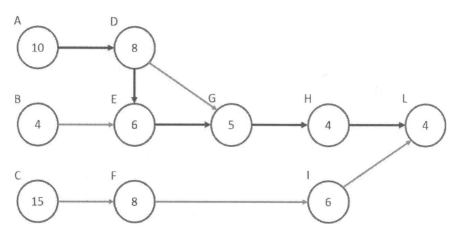

Task sul Critical Path: A-D-E-G-H-L
Durata attesa del Progetto: 37 giorni

il cui ritardo può non influire sulla durata complessiva.

Fig.3

Le frecce più spesse indicano il *Critical Path*, passante per i sei task denominati rispettivamente A, D, E, G, H ed L e caratterizzato da una durata complessiva di 37 giorni necessari al completamento di tutte le attività. Alcuni software per PM realizzano automaticamente il PERT, anche in modo da renderne la lettura più intuitiva, esprimendo la durata stimata dei task attraverso la lunghezza delle frecce che si dipartono dagli stessi.

E' importante ricordare i nodi del *Critical Path* rappresentano le uniche attività, velocizzando le quali, è possibile velocizzare la durata del progetto.

Quindi, nel caso in cui si voglia accelerare la durata di un progetto, o recuperare del tempo perduto, è opportuno considerare di aggiungere risorse alle sole attività posizionate lungo il Percorso Critico, in quanto, l'aggiunta di risorse alle altre attività, non sarà in grado di ridurre la durata complessiva del progetto.

E' utile aggiornare il PERT durante il progetto al fine di realizzare revisioni - review - del programma e porre in essere eventuali azioni correttive.

Oggi esistono diversi strumenti informatici in grado di automatizzare la produzione di diagrammi PERT e l'individuazione del Critical Path.

Descrizione dei Team di Lavoro

Questa sezione non deve essere riservata ad un elenco di nomi e cognomi.
Il suo scopo è quello di documentare e proporre una verifica, sia pure settoriale, circa l'adeguatezza e la completezza delle competenze coinvolte.
A tale scopo, in funzione di ciascun gruppo di attività deve essere adatta a giustificare il dimensionamento e la composizione dei team, con particolare riguardo verso le figure dei leader. A tal fine è opportuno che vi si riporti: nome del team, area di competenza e d'intervento, nome e qualifica del team leader, nomi e qualifiche dei membri.

Stima dei Costi o Budget

Il costo di un progetto è ovviamente proprio della soluzione progettuale scelta.

Detta soluzione, in fase di redazione di un Project Plan opportunamente dettagliato, è dunque, per forza di cose, già stata scelta.

Il costo di cui trattasi dipende dal costo delle risorse umane impiegate, da quello delle strumentazioni e delle strutture ed infrastrutture in genere, dal tempo necessario all'implementazione della soluzione e dai rischi propri di quest'ultima, in quanto una corretta analisi dei costi deve rappresentare anche costi eventuali e non solo costi certi.

Tanto è vero che, nel caso di progetti relativamente costosi, lo sponsor, potrà richiedere la redazione di più di un *Project Plan*, al fine di realizzare una più attendibile e complessiva analisi comparativa di costi e benefici in capo a differenti soluzioni.

A tal proposito è opportuno sottolineare che il processo decisionale che porta alla scelta di una delle possibili soluzioni progettuali implica valutazioni di strategia aziendale che esulano la disciplina del Project Management.

Pur non essendo dunque la valutazione del costo l'ultimo interesse di chi legge una proposta progettuale, essa è frequentemente collocata in coda al *Project Plan*, stanti i suoi necessari ed opportuni riferimenti alle componenti proprie della soluzione progettuale in via di adozione.

Frequentemente questa sezione non fa nemmeno parte del *Project Plan* divulgato alla generalità degli stakeholders, essendo inessenziale ai fini della comprensione del progetto e potendo generare argomentazioni e valutazioni che lo sponsor non vuole condividere.

La sua collocazione in coda al *Project Plan* è dunque motivata dalla necessità ed opportunità di giustificare, suffragare detti costi, facendo esplicito riferimento a dotazioni strumentali e di risorse umane la cui necessità è motivata nella definizione della proposta.

La stima dei costi dovrà essere dunque modulare, documentando di fatto la possibilità di investimenti progressivi per ciascuno dei quali vi sia esplicito riferimento al raggiungimento di risultati parziali.

Ovviamente la stime dei costi potrà subire variazioni. Il PM ha il compito di riportarle nella presente sezione avendo cura di dare evidenza della data e del motivo della variazione di ogni singola voce di costo.

Il processo autorizzativo che a fronte di Change Request, New Request o variazioni del contesto operativo o di mercato, porta alla variazione, in aumento o in diminuzione, del budget di un progetto, è proprio dell'organizzazione e talvolta anche del tipo di progetto. Secondo il framework PRINCE2, un progetto ha le proprie tolleranze in termini di budget, collegate ai benefici attesi riportati nel Business Case. All'interno di tali tolleranze, il Project Manager può agire autonomamente autorizzando variazioni dei costi, mentre al di fuori di detti limiti deve richiedere autorizzazione al comitato di progetto o all'executive di riferimento. Tale prassi è abbastanza diffusa nella realtà, salvo il fatto che ogni variazione del budget, tanto più se significativa, è spesso discussa in modo collegiale da un gruppo di attori e valutatori più esteso, che include il PM. Variazioni molto significative del budget di progetto, spesso occorrenti nel caso di notevoli mutamenti delle condizioni al contorno, possono richiedere revisioni del Project Plan e/o valutazioni da parte di esperti contabili o di finanza. In tali contesti, gli esperti chiamati a supportare l'executive di riferimento, vorranno confrontarsi con il team di progetto in merito alla valutazione di ipotesi, probabilità e alternative.

La stima dei costi dovrà riportare una opportuna scomposizione dei costi per fasi e, per ciascuna fase, per tipologia di risorse impiegate – risorse umane, infrastruture, strumenti, superfici, licenze, imposte e tasse, ecc.

Per quasi tutti i tipi di progetto è utile ed opportuno inserire in questa sezione una break even analysis. La break even analysis è un momento di verifica molto importante.

Si tratta di una analisi, la cui struttura è ben formalizzata, orientata alla verifica dei tempi e delle configurazioni o condizioni che determineranno un ritorno dal capitale investito nel progetto. Il momento (giorno) in cui i costi sostenuti per il progetto si stima diventino uguali alla somma dei benefici da esso prodotti è detto break even point. Nella maggior parte dei casi, detta analisi è basata su ipotesi, la cui formulazione, così come la relativa scomposizione di costi e potenziali ricavi, richiede grande esperienza e preparazione. Chi non ha mai realizzato una break even analysis ricorra all'aiuto di esperti, come minimo selezioni bene le fonti bibliografiche e, nel caso del lancio di un nuovo prodotto o servizio, deleghi la redazione della stessa ad esperti di marketing onde evitare brutte figure. Nell'ambito degli investimenti pubblici o del no-profit poi, la stima dei benefici rivenienti dal finanziamento di una iniziativa, può essere talmente complessa per le sue implicazioni multidisciplinari, che virtualmente nessun Project Manager è in grado di realizzarla autonomamente.

Vincoli ed Assunzioni

In ogni progetto esistono dei punti fermi, elementi spesso di carattere generale che non possono essere messi in discussione ma che, proprio per questo, è bene rappresentare come tali.
Processi ed assunzioni sovrastanti le dinamiche di progetto, la cui modifica in funzione delle stesse è impensabile.

Normativa e Standard

In questa sezione, che all'occorrenza può essere divisa in due o più distinti capitoli, è opportuno rappresentare tutte le implicazioni, di carattere normativo o in riferimento agli standard locali e/o settoriali, relative alle soluzioni proposte per il raggiungimento degli obiettivi di progetto nel rispetto dei requisiti.
In particolare non dovrebbe essere qui riportata una rassegna di articoli, commi, circolari, riferimenti o stralci, ma piuttosto una analisi, già attentamente ponderata, tesa ad illustrare per distinti argomenti ed aspetti, l'aderenza di dette soluzioni di progetto, comprese le relative fasi esecutive o di indagine, ai dettami della normativa vigente e ad ogni standard di fatto, di mercato o di legge.

Questa parte della documentazione di progetto non deve considerarsi una ripetizione della definizione dei requisiti, in quanto conterrà espliciti riferimenti alla soluzione proposta e ne evidenzierà i caratteri di aderenza alle diverse normative di interesse.

Se infatti è di dubbio ausilio riportare tra i requisiti cose quali: "Rispettare la Normativa Antincendio" - l'elenco dei requisiti risulterebbe inutilmente lungo e fuorviante, in quanto essa può essere rispettata in diversi modi e taluni aspetti di questa ottemperanza dipendono dalle configurazioni del progetto - è invece estremamente importante predisporre una *checklist* che aiuti il PM a compiere verifiche numeriche e qualitative e a rappresentare in questa fase il rispetto delle norme.

Recentemente l'istituzione di un crescente numero di *authority* ed organismi di verifica e regolamentazione, per lo più delle dinamiche afferenti il libero mercato, ha reso in molti casi necessaria la verifica della legittimità degli Obiettivi stessi di un progetto.
Molte aziende, il più delle volte grandi, hanno imparato a familiarizzare con formule di non facile valutazione quali "abuso di posizione dominante".
Ovviamente, dato che anche le fasi di analisi e progettazione di massima hanno dei costi, spesso assolutamente rilevanti, non si dovrebbe arrivare a questo punto, per forza di cose conclusivo della progettazione di massima, in quanto deve valutare proprio la congruità di una proposta sotto il profilo normativo, per scoprire che addirittura uno degli obiettivi di progetto è irraggiungibile perché in contrasto con varia giurisprudenza.
Si consiglia dunque, in quei casi relativamente rari, di far seguire la fase di formulazione degli Obiettivi da una verifica legale preliminare circa la loro legittimità.

E' inutile diffondersi sul ruolo fondamentale che una tempestiva analisi del contesto normativo può giocare nel caso di progetti attuati in paesi esteri o diffusi su scala internazionale, quindi soggetti al rispetto di norme o di trattati internazionali non sempre noti o di difficile lettura.

Più semplicemente, è capitato, che aziende di notevoli dimensioni, abbiano configurato soluzioni di *supply chain* trascurando importanti implicazioni relative alla normativa locale in materia di salute del lavoratore, profondendo grandi sforzi nella analisi e nel completamento di un disegno che si è poi rivelato irrealizzabile perché in contrasto con talune prescrizioni sanitarie.

Inoltre, oggi, le sempre più influenti e pervasive normative regionali negli stati federali, suggeriscono di dedicare in questa sezione della documentazione di progetto, una parte specifica, alla illustrazione della conformità del progetto alla normativa locale.

Ciò può avere una particolare importanza nelle eventuali fasi di negoziazione con gli enti pubblici locali per fini autorizzativi e di partecipazione.

E' capitato che importanti progetti edilizi abbiano dovuto subire laboriose e costose modifiche al fine di risultare aderenti ad una normativa regionale.

Criticità e Punti di Attenzione

Questa sezione deve essere dedicata alla segnalazione di particolari elementi, per lo più endogeni, suscettibili di determinare rilevanti difficoltà al fine della corretta realizzazione del progetto.

A titolo esemplificativo, nel caso di un progetto la cui riuscita è legata ad approvvigionamenti da parte di un unico fornitore, la cui affidabilità non è stata testata nel tempo, e magari del quale non è nota la capacità di *backup* della produzione, questa sezione della documentazione è il posto giusto in cui segnalare tali circostanze.

In sostanza si tratta, senza scadere nella paranoia, di segnalare potenziali pericoli o debolezze dell'impostazione generale.

Nel caso dell'esempio dianzi riportato, sarebbe assolutamente opportuno rappresentare direttamente la necessità di compiere un immediata analisi di mercato finalizzata all'individuazione di fornitori alternativi. Ovvero comportarsi come se il problema si fosse già manifestato, in quanto l'eventuale azione a posteriori sarebbe verosimilmente intempestiva.

Risk Management

Esistono molte tipologie di rischi di progetto. Alcuni esempi classici di origine di rischi ai quali un progetto può essere esposto sono:

- La perdita di competenze chiave.
- L'instabilità del prezzo di una risorsa chiave.

- La variazione dei cambi valutari.
- L'instabilità politica e la conseguente fragilità degli assetti regolamentari nel paese in cui si svolge la totalità o parte dell'iniziativa.
- L'affidabilità di un fornitore o del cliente.
- La mutazione di condizioni di mercato o regolamentari/legislative.

Ovviamente la rischiosità di un progetto è funzione di quanto esso sia innovativo, di quanto sia unico e della gravità delle conseguenze legate al verificarsi dei rischi identificati.

Non è un caso che l'identificazione, valutazione e conseguente gestione dei rischi di progetto sia estremamente complessa e rigorosa per istituzioni quali la NASA, presso la quale si realizzano progetti costosissimi quanto unici. Il framework di valutazione e gestione dei rischi della NASA, incorpora a sua volta la US Air Force Risk Matrix. Quest'ultima consente di classificare i rischi in base a:

- Severity, ovvero gravità dell'effetto, valutata secondo una scala decrescente molto chiaramente formalizzata che prevede i valori *Catastrophic*, *Critical*, *Moderate* e *Negligible*.
- Probability. Che prevede i valori decrescenti Frequent, Likely, Occasional, Seldom e Unlikely.

All'incrocio dei valori di Severity e Probability attribuiti a ciascun rischio, corrisponde una valutazione dello stesso che va da Very High (molto alto), per eventi rischiosi la cui frequenza di accadimento è elevata e le cui conseguenze sono catastrofiche, a Low, per eventi di Severity = Negligible e Probability = Unlikely.

La US Air Force tratta le proprie missioni come progetti e valuta le possibili alternative soprattutto in funzione del risultato dell'applicazione del proprio framework di valutazione dei rischi, il quale consente di calcolare il rischio totale di una missione come somma dei singoli rischi caratteristici della stessa.

In generale l'inventario dei rischi *"Risk Assessment"* o *"Risk Identification"* è la parte iniziale del *"Risk Management Plan"*. Una enumerazione dei pericoli, viene eseguita al fine di calcolarne le potenziali ricadute e soprattutto di predisporre in anticipo valide contromisure formalizzate in quello che normalmente è definito *"Risk Response Plan"*.

Secondo Haimes (Haimes 2009) la valutazione dei rischi si basa sulle corrispondenze sintetizzate nella seguente tabella che volutamente non

Risk Assessment	Risk Management
"What can go wrong?"	"What can be done?"
"What is the likelihood that something will go wrong?"	"What are the available options and their associated tradeoffs?"
"What are the associated consequences?"	"What are the impacts of current decisions to future options?"

è stata tradotta.

In base a quanto detto, la sezione dedicata al *risk management* sarà opportunamente scomposta in due sotto-sezioni una di tipo inventariale - *Risk Identification* - ed una dedicata alle contromisure pianificate per la quale la definizione più corretta ci sembra quella data dal PMBOK *"Risk Response Plan"*. Inoltre, in taluni casi sarà opportuno redigere una sezione a se stante dedicata al *"Risk Cost Management"* riportante le procedure ed i costi relativi all'attivazione delle azioni di mitigazione o di recovery associate al verificarsi di uno dei rischi previsti.

La redazione del *Risk Management Plan*, proprio in quanto descrivente variabili incidenti sul costo e sulla potenzialità di successo del progetto, avverrà in modo collegiale. Il PM accederà ad ogni competenza disponibile all'interno del gruppo di lavoro, nell'insieme più ampio degli stakeholders ed ove necessario riferibile ad esperti esterni, al fine di garantire l'attendibilità e la completezza del piano.

E' comunque questo il caso in cui lo sponsor potrà giovarsi maggiormente di un PM competente nella materia di progetto, in quanto egli dovrà comunque realizzare delicate valutazioni al fine di fornire numeri affidabili circa i potenziali ulteriori costi di progetto, quindi anche in merito alle probabilità di accadimento.

Per ovvi motivi, il principale interessato alla lettura del *Risk Management Plan* è lo sponsor.

Identificazione dei Rischi

L'identificazione dei rischi, come detto, non è realizzata dal PM o perlomeno non solo da lui. Egli cercherà informazione ed ampia condivisione circa i rischi, la loro probabilità di accadimento e le loro ricadute rivolgendosi agli stakeholders più appropriati o a consulenti esterni.

E' importante rappresentare subito il valore di un approccio iterativo all'analisi dei rischi.
Essa infatti non dovrebbe essere l'ultima azione della pianificazione progettuale, in quanto potenzialmente informatrice della strutturazione delle attività di progetto.
L'individuazione di un rischio in base alla lettura del piano di progetto può portare ad una revisione di quest'ultimo al fine di mitigare detto rischio. Per questo, il "*Risk Response Plan*", dovrebbe subire cicliche revisioni soprattutto laddove si modifichi il programma, il contesto operativo o la dinamica delle attività.

Un esempio: Nel 2001 feci parte del team incaricato della distribuzione in Italia della nuova moneta, l'Euro, avvenuta grazie all'utilizzo di una supply chain dedicata e attraverso un processo distributivo capillare, che ha visto l'esecuzione, nell'arco di quattro mesi, di oltre 120'000 consegne di unità materiali molto pesanti, voluminose, e di ingente valore, verso circa 42'000 punti sparsi sul territorio nazionale, nonché la mobilitazione di un gran numero di persone e di risorse.
Ad un certo punto, durante il processo di distribuzione, una delle navi che trasportava il metallo necessario per il conio delle monete, fece registrare un considerevole ritardo ed inoltre, a causa di problemi nelle comunicazioni satellitari, non fu possibile comunicare con la stessa al fine di ottenere aggiornamenti circa la sua posizione. La circostanza determinò un livello di allarme che è facile immaginare. Fortunatamente non si trattava dell'unica nave incaricata dell'indispensabile trasporto ed essa incorse solamente in un ritardo

che, seppur critico, si è poi rivelato riassorbibile attraverso il potenziamento dei processi a valle.

Cosa sarebbe accaduto se si fosse deciso di approvvigionare la produzione con un unico trasporto e questo non avesse mai potuto raggiungere la propria destinazione?

E' da notare il fatto che un unico mezzo avrebbe rappresentato, ove praticabile, la migliore opzione sotto il profilo dei costi, ma anche la più rischiosa in funzione del rispetto dei tempi.

Questo è solo un esempio di analisi di un rischio il quale, in quanto potenzialmente fatale ai fini della riuscita del progetto, suggerisce una revisione del processo di produzione peraltro aumentandone il costo.

La classificazione dei rischi può subire una prima divisione molto simile a quella che nell'ingegneria del software è operata tra errori ed eccezioni. Ovvero una scomposizione di prima approssimazione, ma estremamente importante, tra rischi a seguito del verificarsi dei quali esiste un valido e relativamente semplice rimedio, e viceversa, rischi al verificarsi dei quali non esistono rimedi atti a garantire il regolare svolgimento del progetto.

Per questo, nel caso di grandi progetti, che richiedono considerevoli investimenti e che si svolgono in contesti caratterizzati da individuabili elementi di instabilità, è opportuno che questa sezione sia divisa almeno in due paragrafi:

- Rischi primari

  Per i quali non esiste rimedio valido, se non quello di salvare il salvabile. Ne sono un esempio gli elevati rischi di imminenti conflitti armati nell'area di progetto o i pericoli derivanti da radicali cambiamenti di orientamenti governativi ecc.

- Rischi secondari

  Si tratta di rischi gestibili, ma la cui gestione va pianificata.
  Un esempio di rischio secondario è determinato dalla possibilità che uno dei *team-leader*, per esempio quello dotato delle competenze più rare, abbandoni la sua posizione per un qualunque motivo, determinando un vuoto di durata

non stimabile e quindi di effetto potenzialmente dirompente per la riuscita del progetto.

La bravura del PM sta nel saper individuare in modo completo i rischi di maggior rilievo per un progetto.
Per la generalità dei progetti può essere d'aiuto la seguente guida sintetica che riporta i rischi più frequenti.

- Perdita di competenze chiave di difficile reperimento.

  La riuscita di un gran numero di progetti si basa sull'utilizzo di risorse umane recanti particolari competenze, per lo più progettisti, ma anche consulenti o negoziatori, i quali possono abbandonare il gruppo di lavoro per vari motivi. Un progetto che verta sull'utilizzo di un gran numero di competenze "uniche" è molto rischioso, in quanto la probabilità che una di esse venga a mancare, è inevitabilmente alta.

- Mancata inclusione di competenze chiave nei gruppi di lavoro.

  Accade spesso che alcune tematiche progettuali, in origine reputate marginali, assumano poi ruoli centrali o che si caratterizzino definitivamente per la loro complessità solo in una fase avanzata del progetto, determinando la necessità di includere nei team di lavoro competenze non compiutamente previste.

- Mancanza o estremo ritardo di forniture necessarie di beni o servizi.

  Questa eventualità deve, in prima istanza, influenzare il processo relativo al procurement, dovendo informare i contratti di fornitura di beni e servizi e le possibili azioni di recovery in caso di inadempienza di uno dei fornitori.

- Errata stima della durata o della complessità di taluni task – perché particolarmente innovativi o perché non sufficientemente sviscerati.

Analisi Qualitativa e Quantitativa dei Rischi

Uno degli aspetti più interessanti dell'analisi dei rischi sta nella potenzialità di pervenire ad una valutazione numerica del rischio globale che sia in qualche modo descrittiva della probabilità di successo del progetto e della potenziale variabilità del suo costo.

La Tabella seguente suggerisce una possibile struttura per un registro

Risk ID	Descrizione	Misure di Mitigazione	Impatto				Probabilità	Severità
			OBJ	Req	Task	Funct		
			Obiettivo Impattato/i	Requisito Impattato/i	Task Impattato/i	Funzionalità Impattata/e	1-5 [6] Frequente Probabile Occasionale Remoto Improbabile [Eliminato]	1-4 Catastrofico Critico Marginale Trascurabile

dei rischi (*Risk Register*).

Tale struttura permette di ricavare in modo semplice una quantificazione numerica del rischio totale del progetto come somma del prodotto dei valori assegnati a Probabilità e Severità per ogni rischio. Tale valutazione risulterà più completa se accompagnata da una attenta valutazione dell'importanza dei degli elementi impattati, con particolare riguardo a Obiettivi, Requisiti, e Funzionalità.

Tale approccio consente anche di operare analisi parziali, quali la valutazione della probabilità di rispettare un dato requisito in funzione della somma dei prodotti:

Importanza del Requisito x Probabilità del Rischio x Severità del Rischio per tutti i rischi impattanti il requisito.

Nella valutazione della probabilità del verificarsi di un rischio, la ricerca in merito alla frequenza di accadimento di eventi simili in precedenti progetti, riveste un ruolo fondamentale.

Un altro interessante elemento può essere l'aggiunta di un campo che riporti l'area nella quale il rischio può avere origine. Ciò con il duplice scopo di distinguere tra rischi esterni e rischi interni, e di identificare, sempre per somma totale, le aree di maggiore debolezza, ad esempio

HR (Risorse Umane) o OP (Operation), stimolando riflessioni sulla preparazione globale dell'organizzazione ai fini del successo del progetto.

Risk Response Plan

E' la parte più importante, e più rassicurante della sezione dedicata al *Risk Management*.
Si tratta di prefigurare gli scenari di azione in risposta al verificarsi di taluni degli eventi previsti come rischi.
E' efficace e raccomandato il rappresentare i piani di azione di cui trattasi anche in forma grafica.

Definizione Tecnica della Soluzione

A questo punto, avendo prodotto una visione sufficientemente chiara della soluzione da un punto di vista funzionale, sarà sufficiente illustrare le tecniche specifiche di approccio e risoluzione, sempre con l'ausilio di schemi e ideogrammi, senza l'impiego di semantiche specifiche o troppo tecniche. Si riporterà in questo paragrafo l'eventuale scomposizione della soluzione, con la descrizione tecnica del perché delle scelte progettuali afferenti ciascun modulo e si rimanderà, preferibilmente tramite hyperlink, ai documenti tecnici di dettaglio.

Durante l'Esecuzione

Gli Eventi del Progetto

Ogni progetto è (o dovrebbe essere) caratterizzato dagli eventi riportati nell'immagine seguente, nella quale è esemplificata una frequenza ed

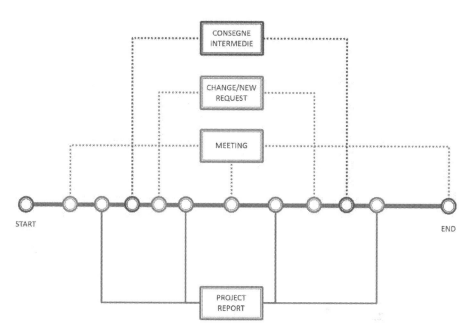

una successione.

Meeting

Il progetto dovrebbe aprirsi con un meeting, solitamente presieduto dallo Sponsor, che veda rappresentati tutti gli Stakeholder. Lo Sponsor dovrebbe indicare gli obiettivi del progetto, presentare il Project Manager e fornire chiare indicazioni in merito alle prerogative dello stesso nell'ambito del progetto, rappresentando dunque chiaramente la portata del mandato di quest'ultimo. Nell'ambito del meeting iniziale, lo Sponsor o il Project Manager, dovrebbero fornire indicazioni in merito al piano di comunicazione che intenderanno adottare durante lo svolgimento del progetto. Dette indicazioni dovrebbero includere la rappresentazione dei criteri di selezione dei partecipanti ai meeting di progetto in modo tale da chiarire sin da subito che, al fine di massimizzare l'efficacia delle discussioni e minimizzare le perdite di tempo, non tutti saranno invitati ad ogni meeting. Sarà bene infatti che la partecipazione agli incontri sia limitata ai soli soggetti direttamente interessati agli argomenti all'ordine del giorno di ciascun meeting.

Dunque il PM è normalmente responsabile della conduzione del meeting il quale deve avere un preciso ordine del giorno, un elenco di partecipanti definito ed una durata prevista.

Durante lo sviluppo del progetto, il PM dovrebbe dunque convocare meeting mirati, ovvero meeting orientati alla discussione di argomenti specifici e pertanto non estesi alla totalità degli Stakeholder. Ciò consentirà di avere incontri assai più efficaci in ragione del limitato numero di soggetti effettivamente qualificati a parteciparvi. Dunque, un importante prerequisito di un meeting efficace è che il suo scopo sia chiaramente definito. Al fine di chiarire le finalità dell'incontro, il PM invierà anticipatamente ai partecipanti il programma dello stesso.

Il più importante requisito di un meeting efficace è che esso sia necessario. Dimostrare che il PM lavora e si dà da fare non è una necessità del progetto. Pertanto, per rispetto del tempo degli Stakeholder, se non v'è ragione di convocare un incontro, sarà bene non farlo. Indicazioni in merito all'avanzamento del progetto potranno e dovranno essere fornite con cadenza regolare attraverso la diffusione dei Report di Progetto (Project Report) del quale si dirà di seguito.

La conduzione di un meeting non è cosa semplice e richiede una formazione specifica, senza la quale sarà difficile mantenere il gruppo focalizzato sugli argomenti all'ordine del giorno e gestire comportamenti difficili non incorrendo in notevoli perdite di tempo… e di credito.
Di tutti gli eventi che caratterizzano il ciclo di vita del progetto, durante le vostre prime esperienze in qualità di PM, i meeting saranno di gran lunga i più difficili da affrontare. Al fine di minimizzare le probabilità che durante il meeting insorgano conflitti di difficile gestione e/o risoluzione, sarà buona prassi confrontarsi prima con i partecipanti in

merito all'oggetto dell'incontro. In tal modo sarà possibile rilevare importanti informazioni, impressioni o tensioni atte a renderci più preparati ad affrontare e indirizzare la discussione.

Durante la riunione si consiglia di attenersi alle seguenti linee guida:

- Iniziare rimarcando lo scopo dell'incontro.
- Coinvolgere tutti nella discussione. Ovvero non permettere che qualcuno lasci l'incontro senza aver parlato o meglio senza avere espresso una opinione.
- Dare a tutti, nella giusta misura, la possibilità di esprimersi, che come vedremo in appendice può significare in qualche misura esprimere se stessi, la propria personalità e non necessariamente idee o concetti attinenti l'oggetto della discussione.
- Chiudere con un piano, una soluzione, il che prevedrà il più delle volte l'assegnazione di compiti con una precisa scadenza.

Le informazioni emergenti dagli incontri vanno sempre formalizzate in documenti detti verbali i quali, nel caso del manifestarsi di particolari problemi saranno associati a documenti relativi alla disamina degli stessi e all'illustrazione di un piano di risoluzione.
Detti documenti riportanti ciascuna *issue* saranno poi oggetto di distribuzione secondo il piano di gestione documentale.

Il PM renderà disponibile il verbale del meeting ad una platea definita con lo Sponsor nell'ambito del piano di comunicazione. I contenuti essenziali di detto verbale sono sintetizzati di seguito.

- Ringraziamenti – Nell'apertura del documento sarà bene ringraziare tutti i partecipanti per il loro contributo.

- Sommario dei risultati e/o di quanto emerso durante l'incontro.

- Sommario dei compiti e delle relative scadenze.

- Indicazione delle connessioni intercorrenti tra i compiti individualmente assegnati e tra questi e il completamento dei Work Package o la riuscita del progetto.

- Chiusura positiva e motivante. Sarà bene introdurre formule di motivazione quali: *"l'impegno del Team A per la ricerca di una efficace e rapida soluzione, come già avvenuto nel caso X, consentirà al Team B di proseguire... Il Team C si è detto disponibile a supportare i test di fase 2"*.

Come per ogni altro documento di progetto, specialmente se indirizzato al top management, la capacità di sintesi sarà grandemente apprezzata.

Se il progetto ha avuto successo, sarà bene organizzare un meeting celebrativo (finale... mai celebrare prima della fine) che preveda ringraziamenti ai Team, una cronistoria dei momenti difficili, e di come è stato possibile superarli, possibilmente con ampio, organizzato intervento dei protagonisti. Il Project Manager si limiti a coordinare gli interventi e mettere tutti a proprio agio.

Se il progetto non ha avuto successo, oppure è stato interrotto, un meeting finale potrà essere anche più utile a chiarire ai partecipanti il perché dell'insuccesso, potendosi trasformare in un importante momento di crescita professionale e partecipazione alla vita dell'organizzazione.

Il giudizio che gli stakeholders danno di un Project Manager è in gran parte collegato alla capacità dello stesso di coordinare e condurre i meeting.

Project Report

Il Project Report è un documento redatto con cadenza regolare dal Project Manager indicante lo stato di avanzamento del Progetto. In funzione dei desiderata dello Sponsor, potranno esistere più versioni del Project Report contenenti differenti combinazioni di informazioni. In funzione del tipo di progetto e della natura degli Stakeholder, lo

Sponsor potrà decidere di rendere disponibili solo alcune informazioni. Ad esempio, lo sponsor potrà decidere di non rendere disponibili ai fornitori informazioni più o meno dettagliate in merito all'andamento del progetto dal punto di vista finanziario. Il destinatario principale del Report di Progetto è principalmente lo Sponsor, pertanto sarà bene che il documento abbia una forma estremamente sintetica, l'ideale è che esso non ecceda le due pagine. Al fine di rendere confrontabili i vari report è bene che essi abbiano tutti la medesima struttura. Di seguito si riportano i contenuti essenziali del Project Report.

- Progresso generale de Progetto rispetto alla Baseline. Esistono due fondamentali Baseline, quella temporale e quella finanziaria ovvero dei costi.

- Critical Issues – ovvero punti critici che debbono essere oggetto di risoluzione.

- Issues risolte presenti nel precedente Project Report, con indicazioni in merito a come è stata possibile la loro risoluzione.

- Overdue Workpackages – ovvero Workpackage o più raramente Task che presentano un considerevole ritardo rispetto alla Baseline, con indicazione dei motivi del ritardo e delle possibili azioni finalizzate al recupero dei tempi (recovery actions).

- Critical Changes from the Start – Ovvero cambiamenti critici o rilevanti intervenuti dall'avvio del Progetto e loro implicazioni in termini di tempi, budget, risorse e know-how.

- Commenti in merito allo stato del progetto.

- Eventuali note positive, quali ottime performance di Team, risoluzioni particolarmente brillanti di problemi intercorsi durante l'ultima frazione de Progetto.

Change Request e New Request

Si tratta di un numero imprecisato di richieste o necessità di cambiamento degli elementi costitutivi dal progetto (Obiettivi, Requisiti, funzionalità). Come già detto in precedenza, con ogni probabilità, il Progetto cambierà, la richiesta di cambiamenti e l'introduzione di novità fanno parte della vita di un progetto.

Il Project Manager è responsabile della comunicazione ed in misura variabile della gestione degli impatti di dette variazioni. Esse potranno essere molto preoccupanti qualora riguardino gli Obiettivi del Progetto, meno preoccupanti ove riguardino i requisiti dello stesso, eventualmente irrilevanti ove si riferiscano a funzionalità o funzioni.

La corretta, condivisa e documentata gestione delle variazioni è vitale per la riuscita dell'iniziativa.

In particolare il PM è responsabile:

1. della verifica della congruenza e compatibilità delle variazioni con gli obiettivi del progetto.

2. della approvazione (non che sia lui l'approvatore), condivisione e documentazione delle variazioni.

Pertanto è necessario che gli impatti delle variazioni siano valutati in modo collegiale attraverso un flusso documentale prestabilito, che sia funzione dell'organizzazione e del piano di comunicazione approvato dallo Sponsor.

Inoltre è necessario che le Change Request siano approvate tramite un flusso altrettanto formalizzato e condiviso e infine, che la loro approvazione si rifletta in un'opportuna modifica della documentazione di progetto.

Anche in questo caso le parole chiave sono **condivisione** e **documentazione**.

Tracking

Per tracking di un progetto si intende la tracciatura del progresso delle attività in relazione alla tabella di marcia ipotizzata.

Esistono due modi di realizzare un efficace tracking del progetto: Centralizzato e Delegato.

Il Tracking Centralizzato non è sempre possibile. Esso è realizzato dal Project Manager, il quale, normalmente con l'ausilio di software dedicati (Project Management Tools o Software), registra lo stato di avanzamento dei singoli Task o di interi Work Package indicandone il grado di completamento in percentuale. Il software provvede dunque a fornire automaticamente ogni dato o visualizzazione in merito all'andamento tendenziale dei costi e dei tempi. Tuttavia, bisogna chiedersi come possa il Project Manager formarsi un'idea sufficientemente precisa in merito a quale sia il reale stato di avanzamento dei pacchetti di lavoro dei Team.

Ho partecipato direttamente e indirettamente a progetti durante i quali il PM sommergeva i Team di lavoro di richieste giornaliere orientate ad acquisire certezze in merito progresso delle attività, di fatto interpretando il proprio ruolo come quello di un auditor contabile. L'attività descritta non è soltanto inutile ma equivale ad un sabotaggio. Il soddisfacimento delle necessità di informazione del PM non è il fulcro dell'attività progettuale e non deve trasformarsi in attività gravosa per i Team. I Team non lavorano per il Project Manager, lavorano per il Progetto. Il lavoro del PM non è quello di realizzare un Tracking giornaliero delle attività, inoltre, è evidente che in molti casi, soprattutto in assenza di risultati parziali, il PM non ha alcuna certezza di rilevare dati esatti.

Esistono efficacissime tecniche di sviluppo di prodotti e servizi (essenzialmente riconducibili alle esperienze di *Lean Manufacturing*) che si basano sulla verifica e miglioramento iterativi dell'insieme dei moduli di produzione a partire da un *"minimum viable product"*, il che consente di misurare quanto prima l'aderenza del prodotto agli obiettivi e la soddisfazione del cliente, il quale è attivamente coinvolto nello sviluppo dello stesso e spesso, durante detti cicli, è portato a scoprire le proprie reali esigenze o addirittura desideri ai quali non ha mai pensato. Come già anticipato, l'idea di generare quanto prima un prototipo e strutturare il lavoro in funzione di questa idea evolutiva e progressiva di sviluppo del prodotto finale è vincente e pone l'organizzazione al riparo da molte spiacevoli sorprese.

Il Tracking Delegato può essere considerato l'applicazione ai progetti dell'High Involvment Management. Esso attribuisce ai team la responsabilità di indicare lo stato di avanzamento delle proprie attività con cadenza più o meno regolare e prefissata.

Questo approccio, se da un lato responsabilizza ciascun gruppo di lavoro, dall'altro espone a tardive verifiche di compatibilità tra le parti o può far si che errori di valutazione di singoli si riflettano in ritardi inattesi, e pertanto non gestiti, nel completamento delle attività.

L'applicazione di questa configurazione è sconsigliata, a meno dell'adozione di tecniche *Lean*, ogni qualvolta il progetto abbia caratteristiche di marcata innovazione e/o quando non si abbiano rilevanti informazioni in merito all'affidabilità dei team coinvolti.

In termini generali, l'applicazione del Delegated Tracking, evita che il PM sia percepito come un contabile, aumenta il livello di responsabilizzazione dei Team e dei singoli, i quali dovrebbero essere portati a non fornire indicazioni mendaci in merito all'avanzamento delle proprie attività, ma soprattutto evita che il PM percepisca il proprio ruolo come quello di un auditor.

L'informazione in merito allo stato di avanzamento delle attività sarà certamente il dato principale che il PM integrerà nel Project Report, tuttavia, soprattutto nel caso di *Delegated Tracking*, è auspicabile che essa sia costantemente disponibile in forma di digramma GANTT in un mini-sito dedicato al Progetto. Tale misura contribuirà ad aumentare la consapevolezza da parte di chi lavora attivamente alla realizzazione di quest'ultimo, di essere parte di un disegno che va oltre le attività del singolo o del Team, nonché di quale sia il ruolo di tali attività nel disegno generale.

Dato un piano di progetto, con una durata stimata dei Task e nota l'entità delle risorse associate a ciascun Task, in caso di ritardi ci si troverà generalmente in presenza di un maggior costo, mentre, nel caso in cui un'attività si concluda in anticipo rispetto alle previsioni il suo costo sarà minore rispetto alle stime, ovvero rispetto alla Baseline finanziaria. La somma algebrica delle variazioni nei costi delle singole attività è detta Earned Value e sarà positivo nel caso di risparmi o negativo nel caso di maggiore costo complessivo. Come accennato, una volta specificati i costi del progetto in termini di durata dei Task e costo unitario delle risorse assegnate ai fini dell'espletamento degli stessi, a fronte del Tacking delle attività i Project Management Tools consentono sofisticate analisi previsionali e statistiche a supporto delle decisioni orientate alla gestione dell'impatto di ritardi e maggiori costi.

La Chiusura di un Progetto

La conclusione del progetto si spera coincida con il momento dei ringraziamenti e della soddisfazione.

Il PM dovrebbe ringraziare apertamente i Team, lo sponsor e quanti abbiano contribuito alla riuscita dell'iniziativa.

Se così non fosse, se il progetto fosse stato addirittura interrotto, esso dovrebbe comunque costituire parte del patrimonio esperienziale dell'organizzazione.

A tale scopo, come detto, quest'ultima dovrebbe comunque garantire la fruibilità della documentazione di progetto e il PM dovrebbe redigere una relazione atta a spiegare i motivi del fallimento dell'iniziativa.

Appendice A: Psicologia

E' ovvio che nessuno di noi, salvo rari casi degni di analisi clinica, nello svolgimento del proprio lavoro dimentica i propri affetti, i propri problemi familiari o personali in genere.

E ormai accertato che il buon manager, il quale sa coltivare relazioni, trarre buoni frutti dalle negoziazioni e motivare il proprio gruppo ai fini del raggiungimento dei migliori risultati, deve aver maturato competenze simili a quelle di uno serio psicologo.

Egli infatti si trova di sovente ad affrontare ostacoli e difficoltà che non hanno nulla a che vedere con la natura del progetto come: "*collaboratori difficili*", conflitti tra *stakeholders* ecc.

Non ho la pretesa di trattare l'argomento in modo scientifico o particolarmente analitico, per questo esistono numerosi ottimi testi alcuni dei quali non abbiamo dimenticato di riportare in bibliografia. Tuttavia è necessario ricordare che in assenza di una adeguata preparazione psicologica, ovvero in merito alle implicazioni psicologiche del lavoro di gruppo, dell'esercizio della leadership e della negoziazione, la quale più spesso deriva dall'essere esperti e documentati, tanto un project manager quanto un team leader estremamente preparati sul piano squisitamente tecnico, avranno notevolissime probabilità di fallimento totale o parziale.

L'esperienza raccolta sul campo e le buone letture ci hanno portato a sintetizzare i pochi principali elementi di attenzione la cui osservazione può agevolare grandemente l'esercizio del PM come segue:

Appendice B: Gestione del Team e Necessità di esprimere la propria personalità

Con questa ultima definizione intendo semplificare la più frequente tra le cause di comportamenti, spesso reazioni, apparentemente incomprensibili, quasi sempre sgradevoli, certamente inutili e comunque non concorrenti verso la corretta ed agevole conduzione delle attività. Comportamenti che a volte innescano conflitti o antipatie durevoli, capaci di pregiudicare il raggiungimento degli obiettivi del progetto.

Di cosa si tratta: in poche parole, di una forma di insicurezza, o se volete di un senso di inadeguatezza, che determina la necessità di esprimere se stessi, di imporre la propria personalità o veder riconosciuto, legittimato, opportunamente considerato o rivalutato il proprio ruolo nell'ambito del team di progetto.

Questa necessità, la cui origine è sempre da riferirsi alla sfera delle debolezze, trae origine da insicurezze e/o frustrazioni, dalla paura causata da un senso di inadeguatezza per il proprio ruolo, ma a volte anche, all'opposto, da narcisismo o complesso di superiorità.

Ognuno di voi si è trovato, o si troverà nel lavoro di gruppo, ad affrontare comportamenti generati dalle necessità dianzi descritte e riconducibili in modo certamente semplificativo alla "necessità di esprimere la propria personalità".

Per questo, assai spesso, sproloqui di dubbia attinenza riguardo alle questioni trattate, occupano troppa parte del tempo dedicato ai meeting. Si tratta in generale di atteggiamenti difensivi, spesso preventivi.

Della serie: *"ah si... siete tutti bravissimi? Adesso vi dimostro chi sono io!... Prima che mettiate in discussione il mio valore"*

Così un membro anziano del gruppo di lavoro, dovendo "affrontare" la presenza di giovani estremamente qualificati e titolati e forse anche temendo l'obsolescenza della propria preparazione, nel tentativo di far valere e comunque di rimarcare la propria "insostituibile" saggezza, tenderà a ricordare una innumerevole serie di esperienze progettuali pregresse, di dubbio interesse nel contesto degli argomenti trattati e forse anche artatamente mistificate o sovradimensionate, al fine di sottolineare la propria statura professionale o di non vedersi sottrarre parte del proprio ruolo.

Alcuni manager donna, in quanto tali spesso discriminate ai fini dell'accesso a tali ruoli, specialmente nei paesi latini, tendono ad assumere comportamenti altezzosi, a volte apertamente aggressivi ad esprimere una risolutezza ed un decisionismo sproporzionati, che portano a comportamenti sbrigativi, al limite della maleducazione, e spesso anche a decisioni da rivedere. Della serie: *"vi faccio vedere che sono un vero leader, potrei comandare un plotone di incursori della marina"*

Di frequente, alcuni manager, spesso i più indecisi o quelli che non possono vantare particolari o adeguate competenze, che magari coltivano una astratta o arcaica idea circa il "farsi valere", tendono ad esprimere una particolare aggressività, ad alzare oltremodo il volume della voce ed il tono di un eventuale scontro, anche molto prima che esso possa verificarsi, tentando di affermare una leadership in modo rude, quasi fisico.

O anche, giovani, spesso tecnicamente molto preparati, tendono a replicare in modo irridente, apertamente sarcastico, ad osservazioni circa il loro lavoro o le proprie decisioni. Ma questo caso attiene maggiormente la sfera della diplomazia, della quale il PM deve farsi anche portatore ed ispiratore nel gruppo, oltre che esercitarla in proprio, di ciò si parlerà seppur brevemente nel prosieguo.

Simili comportamenti determinano certamente perdite di tempo e possono innescare conflitti personali alimentati da omologhe debolezze.
Tuttavia bisogna considerare che il dar sfogo entro limiti accettabili a tali atteggiamenti, oltre a portare un poco di umanità nel progetto, il che è inevitabile, non guasta, anzi può aiutare a conoscersi meglio ed entrare in confidenza, è appagante per colui che se ne fa portatore, lo tranquillizza.

Basta sapere che certi comportamenti non sono consentiti al Project Manager, e che, in generale un professionista esperto, equilibrato e sicuro di se non li mette in atto, non ne ha bisogno, sa bollarli come originati da debolezze.

In generale saper subire una aggressione verbale dimostrandosi impassibili, ma non sprezzanti, e successivamente mostrarsi fermi, pacati ed ove possibili concilianti è un'ottima base di partenza.

Una regola? *lasciate sfogare chi ne ha bisogno e cercate di alleviare il suo disagio, anche se il più delle volte quest'ultimo ha origine al di fuori del contesto progettuale. Non fate mai apertamente gli psicologi, non date lezioni di vita, sappiate ascoltare, meglio se in separata sede.*

Esistono poi una serie di comportamenti del tutto simili a quelli citati che i manager più esperti mettono in atto al fine di misurare le relative reazioni, ma questa è un'altra storia…

Per quanto riguarda l'approfondimento dei temi dianzi trattati si raccomandano letture dedicate al tema della negoziazione.
Per brevità ed efficacia raccomando *"Negoziazioni Vincenti (Harvard Business Press)"* e della medesima collana *"Gestire i Collaboratori Difficili"*.

Una regola? *Di fronte a comportamenti inappropriati o addirittura scorretti, cercate sempre di non agire per via autoritativa, cercate piuttosto un confronto pacato e conciliante. Dimostrate ove possibile di comprendere le ragioni del comportamento e date a chi ha sbagliato una seconda chance, purché egli si dimostri positivo ed interessato ad una risoluzione della controversia.*

Appendice C – Sintesi dei Contenuti della Documentazione di Progetto

LIVELLI LOGICI			CONTENUTO	POSSIBILI TIPI DOCUMENTALI		
ANALISI	DEFINIZIONE	DESCRIZIONE DEL CONTESTO	BACKGROUND / PROJECT SCOPE / ASSESSMENT	ASSESSMENT	CONCEPT - VISION	
		DESCRIZIONE DEL PROBLEMA	OBIETTIVI / REQUSITI / VINCOLI	BUSINESS CASE		
PROGETTO	PROGETTO DI MASSIMA	DEFINIZIONE FUNZIONALE DELLA PROPOSTA	DESCRIZIONE GENERALE DELLA PROPOSTA	PROJECT PLAN	MASTER PLAN	
			CASI D'USO			
			DESCRIZIONE DELLE FUNZIONALITA'			
			DIAGRAMMA GENERALE DELLA SOLUZIONE			
		PLANNING E ORGANIZZAZIONE	DESCRIZIONE DELLE ATTIVITA' E DELLE FASI			
			DESCRIZIONE DEI TEAM DI LAVORO E DOTAZIONI			
			FINANCIAL ANALYSIS - BUDGETING			
		RISCHI E FATTORI INFLUENZANTI LA RIUSCITA DEL PROGETTO - RISKS AND CONSTRAINTS	VINCOLI E ASSUNZIONI			
			NORMATIVA E STANDARD			
			CRITICITA' E PUNTI DI ATTENZIONE			
			RISK MANAGEMENT			
	PROGETTO ESECUTIVO	DESCRIZIONE TECNICA DELLA PROPOSTA	PROTOTYPING	TECHNICAL PROPOSAL		
			PROGETTAZIONE DI DETTAGLIO			
			QUALITY PLAN / TEST PLAN			

Appendice D –Collegamenti tra le entità fondamentali del Progetto

Processo di identificazione e di collegamento orientato alla verifica, alla rappresentazione sintetica ed al controllo.

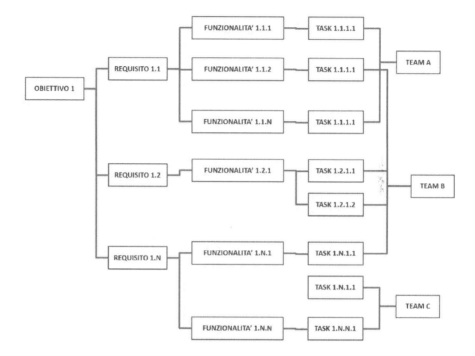

Bibliografia Essenziale

Haimes, Yacov Y. 2009. *Risk Modeling, Assessment, and Management.* Hoboken, NJ (USA): Wiley.

Harvard Business Essentials. 2004. *Gestire Progetti Grandi e Piccoli.* Edited by ETAS. Boston (MA), Massachusetts: Harvard Business Press.

Harvard Business School Press. 2005. *Gestire Collaboratori Difficili.* Edited by ETAS. Boston, Massachusetts: Harvard Business Press.

—. 2005. *Negoziazioni Vincenti.* ETAS.

Hitt, Michael A,, Chet C. Miller, and Adrienne - Third Edition Colella. 2010. *OB - Organizational Behavior.* Hoboken, New Jersey: John Wiley & Sons Inc.

Office of Government Commerce. 2013. *Successo nella Gestione dei Progetti con PRINCE2 - Quinta Edizione.* Norwich, United Kingdom: Crown Copiright.

Project Management Institute. 2013. *Guida Al Project Management Body of Knowledge - Quinta Edizione.* Newtown Square, Pennsylvania: Project Management Institute.

Nota sull'Autore

Raffaello Leti Messina è nato a Roma nel 1969. Ha conseguito una Laurea Magistrale in Urbanistica e Pianificazione del Territorio con specializzazione nella pianificazione energetica del territorio. Ha poi conseguito il Certificato in Management Strategico presso la Harvard University.

Nel 1996 ha cominciato la sua attività professionale come consulente freelance, per grandi aziende e istituzioni internazionali, nel campo dell'analisi territoriale e della pianificazione eco-energetica.

Nel 2001, in occasione dell'adozione della moneta unica, è stato responsabile, come consulente di Poste Italiane SpA, delle applicazioni di monitoraggio e pianificazione della distribuzione dell'Euro presso circa ventottomila agenzie bancarie e quattordicimila quattrocento uffici postali, nonché della gestione dei relativi dati nei rapporti istituzionali.

Ha una vasta esperienza nella gestione di progetti complessi e nella modellizzazione e ottimizzazione di processi distribuiti.

A partire dal 2003 è stato Amministratore Delegato e Amministratore Unico di aziende operanti nel settore della consulenza e dell'innovazione tecnologica e di processo.

Attualmente è Amministratore Unico di Consulenze Progetti Sviluppo Srl, MBA Professor of Project Management e MBA Professor of Production Processes and Logistics presso la Link University.

Printed in Germany
by Amazon Distribution
GmbH, Leipzig